汉竹编著·亲亲乐读系列

一日一读 诗词胎教

汉竹 / 编著

江苏凤凰科学技术出版社
全国百佳图书出版单位

编辑导读

在中华文化的璀璨星河中，古诗词一直是熠熠生辉的一颗明星，中国人的骨子里对古诗词有一种剪不断的情愫。在浩如烟海的诗词里，我们精心为孕妈妈挑选了适合作为胎教的经典诗词，既能让孕妈妈重拾尘封在心底的诗句，又能让胎宝宝感受诗词之美。

本书所选的诗词易懂、好记，且不乏趣味性，按照孕期 280 天的时间顺序排列，一日一诗或一日一词，搭配清新淡雅的中国风插画，还原原作的绝妙意境。上篇多为描写风物的诗词，孕妈妈从中可以领略诗人为我们描绘的或清丽或绚烂的四季风光。中篇多选择描写儿童、田园生活及邀约或送别的诗词，希望孕妈妈能通过这些诗词享受片刻轻松、惬意。下篇的诗词则多表现节日的欢庆、情人的爱意、诗人的高尚品格等。每天读一首，能带给孕妈妈不一样的心情，也能让胎宝宝感受孕妈妈丰富的情感。

书中还有常见字的“飞花令”经典诗句供参考，孕妈妈和准爸爸可以通过这个小游戏，考察一下自己的诗词储备量，同时在互动中增进夫妻间的感情。

目录

上篇/13

中篇/65

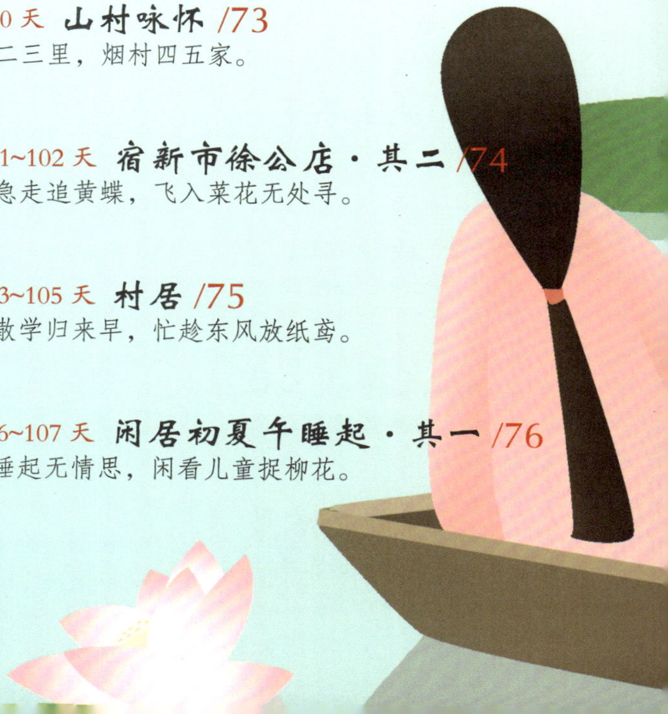

下篇 /117

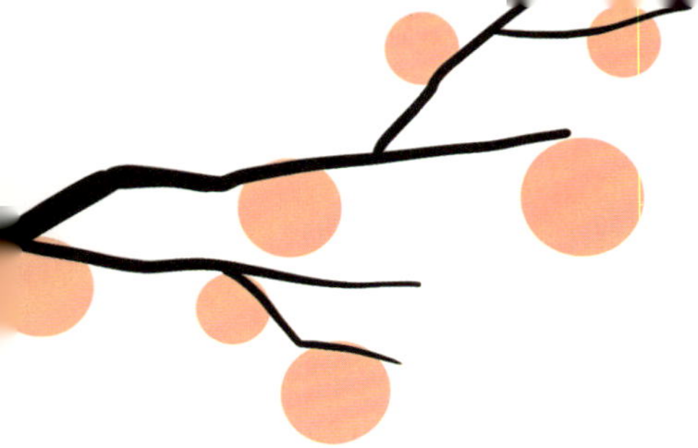

上篇

『阳春布德泽，万物生光辉。』

胎宝宝好似春日的暖阳，给孕妈妈准爸爸的生活增添了更多的希望。孕妈妈准爸爸都在期待着宝宝降临到这个世界上，迫不及待地想要将所有美好的东西与他（她）分享。

第
1~2
天

孕妈妈末次月经第一天。

咏柳

唐·贺知章

碧玉妆成一树高，万条垂下绿丝绦（tāo）。
不知细叶谁裁出，二月春风似剪刀。

飞花令·春

春去花还在，人来鸟不惊。
——唐·王维《画》

忽如一夜春风来，千树万树梨花开。
——唐·岑参《白雪歌送武判官归京》

胎宝宝还没影儿呢。

绝句二首·其一

唐·杜甫

迟日江山丽，春风花草香。
泥融飞燕子，沙暖睡鸳鸯。

春风拂面，带来花草的清香。冰雪消融，迎来大地的万物复苏。燕子翩飞与鸳鸯熟睡，相映成趣，这一切是这般春意盎然！

钱塘湖春行

唐·白居易

孤山寺北贾亭西，水面初平云脚低。
几处早莺争暖树，谁家新燕啄春泥。
乱花渐欲迷人眼，浅草才能没（mò）马蹄。
最爱湖东行不足，绿杨阴里白沙堤。

诗人观赏这早春之景，湖光山色，尽收眼底，真是心旷神怡。连春日里常见的莺、燕、花、草，都被描写得生动形象。而对湖东美景，更是流连忘返。

第7天

月经结束。

乌衣巷

唐·刘禹锡

朱雀桥边野草花，乌衣巷口夕阳斜（xiá）。
旧时王谢堂前燕，飞入寻常百姓家。

昔日的繁荣，今日的衰败，春去秋来，人事无常。当燕子被诗人赋予了历史证人的身份后，这沧海桑田的变化，便更加耐人寻味了。

第8~9天

为宝宝到来做准备。

春夜喜雨

唐·杜甫

好雨知时节，当春乃发生。
随风潜入夜，润物细无声。
野径云俱黑，江船火独明。
晓看红湿处，花重（zhòng）锦官城。

这首诗描写了春夜降雨、润泽万物的美景，表现了喜悦的心情。整首诗意境淡雅，诗境与画境浑然一体，是一首传神入化、别具风韵的咏雨诗。

卵细胞逐渐发育成熟。

渔歌子

唐·张志和

西塞山前白鹭飞，桃花流水鳜（guì）鱼肥。
青箬（ruò）笠，绿蓑衣，斜风细雨不须归。

江南水乡正值桃花盛开，江水猛涨，鳜鱼肥美。一位渔翁戴笠帽，穿蓑衣，在细雨中乐而忘归，这份悠闲自得真是让人心生向往。

第 12~13 天

成熟的卵细胞被排出。

春雪

唐·韩愈

新年都未有芳华，二月初惊见草芽。
白雪却嫌春色晚，故穿庭树作飞花。

怎奈春色姗姗来迟，到了二月，才发现小草冒出了嫩绿的新芽。连白雪也等不及了，才有意化作片片花朵，在树木间穿飞。如此看来，诗中这雪更是多了一份浪漫与灵性。

春晓

唐·孟浩然

春眠不觉晓，处处闻啼鸟。
夜来风雨声，花落知多少。

卵细胞在输卵管停留，等待精子。

第 15~16 天

受精卵形成。

敕勒歌

南北朝·佚名

敕勒川，阴山下。天似穹庐，笼盖四野。
天苍苍，野茫茫。风吹草低见（xiàn）牛羊。

高亢的音调、壮阔的画面、豪迈的情怀，连诗人元好问读后也赞赏道："慷慨歌谣绝不传，穹庐一曲本天然。中州万古英雄气，也到阴山敕勒川。"

新生命在孕妈妈腹中安营扎寨了。

飞花令·风

云想衣裳花想容，春风拂槛露华浓。

——唐·李白《清平调·其一》

相见时难别亦难，东风无力百花残。

——唐·李商隐《无题》

受精卵以一分为二的方式进行细胞分裂。

早春呈水部张十八员外·其一

唐·韩愈

天街小雨润如酥，草色遥看近却无。
最是一年春好处，绝胜烟柳满皇都。

诗人用精妙的文字描述了在初春细腻滋润的小雨中，稀稀疏疏冒着嫩芽的小草沾上雨珠后，所产生的这种远看似青，近看却无的朦胧美。

第19~20天

受精卵来到子宫内着床。

城东早春

唐·杨巨源

诗家清景在新春，绿柳才黄半未匀。
若待上林花似锦，出门俱是看花人。

早春时节，百花尚未绽放，诗人却能抓住“半未匀”这一细节，让人仿佛看到了绿枝上刚刚露出的几颗细腻嫩黄的柳眼，充满着生机，早早地为人们带来了春天的消息。

第
21~22
天

绿豆大的囊泡。

游园不值

宋·叶绍翁

应怜屐齿印苍苔，小扣柴扉久不开。
春色满园关不住，一枝红杏出墙来。

飞花令·雨

南朝四百八十寺，多少楼台烟雨中。

——唐·杜牧《江南春》

小楼一夜听春雨，深巷明朝卖杏花。

——宋·陆游《临安春雨初霁》

胎盘慢慢开始形成。

惠崇春江晚景·其一

宋·苏轼

竹外桃花三两枝，春江水暖鸭先知。
蒌蒿满地芦芽短，正是河豚欲上时。

暖暖春日里，翠绿的竹林悠然地摇曳着，与那粉红的桃花相映成趣，还有在水中嬉戏的鸭子、满地的蒌蒿、短小的芦芽，这正构成了一幅充满生活气息的早春图。

第25~26天

胎宝宝还没长成人形。

江畔独步寻花·其六

唐·杜甫

黄四娘家花满蹊，千朵万朵压枝低。
留连戏蝶时时舞，自在娇莺恰恰啼。

千朵万朵娇艳欲滴的花儿压弯了枝条，茂盛到把小路都遮掩住了，连那彩蝶也恋恋不舍，在花丛中飞来飞去，还有无拘无束的黄莺在欢快地唱着清脆的歌。

胎宝宝血液已经开始在胎盘内循环。

赏牡丹

唐·刘禹锡

庭前芍药妖无格，池上芙蕖净少情。
唯有牡丹真国色，花开时节动京城。

飞花令·花

人间四月芳菲尽，山寺桃花始盛开。
——唐·白居易《大林寺桃花》

木末芙蓉花，山中发红萼。
——唐·王维《辛夷坞》

第29~30天

胎宝宝有苹果子那么大了。

绝句

唐·杜甫

两个黄鹂鸣翠柳，一行白鹭上青天。
窗含西岭千秋雪，门泊东吴万里船。

从翠柳上的黄鹂，到飞上天的白鹭，由下而上，由近到远，视野的开阔，透露出一种轻松与明媚。随着江船的出现，触动了诗人浓浓的乡情。

春日

宋·朱熹

胜日寻芳泗（sì）水滨，无边光景一时新。
等闲识得东风面，万紫千红总是春。

飞花令·风

羌笛何须怨杨柳，春风不度玉门关。

——唐·王之涣《凉州词二首·其一》

人面不知何处去，桃花依旧笑春风。

——唐·崔护《题都城南庄》

第33~34天

能够分辨出胎宝宝头尾了。

小池

宋·杨万里

泉眼无声惜细流，树阴照水爱晴柔。
小荷才露尖尖角，早有蜻蜓立上头。

第35天

胎宝宝神经系统开始发育。

咏鹅

唐·骆宾王

鹅，鹅，鹅，曲项向天歌。
白毛浮绿水，红掌拨清波。

骆宾王笔下的鹅伸长着脖子，发出高亢嘹亮的声音。瞧！羽毛的白、江水的绿、鹅掌的红、水波的青，色彩如此明丽，让人心生欢喜。

第36~37天

胎宝宝面部的线条开始发育。

胎宝宝重约3克。

忆江南·江南好

唐·白居易

江南好，风景旧曾谙（ān）。
日出江花红胜火，春来江水绿如蓝。
能不忆江南？

江畔那开得繁茂的花朵，红得胜过熊熊火焰；春日的阳光洒向江面，绿波粼粼。如此色彩鲜明的画面，真是绚烂夺目，让人情不自禁迷上这江南春色。

第38~39天

胎宝宝的小心脏已经开始跳动。

晓出净慈寺送林子方

宋·杨万里

毕竟西湖六月中，风光不与四时同。
接天莲叶无穷碧，映日荷花别样红。

诗人驻足六月的西湖送别友人林子方，全诗通过对西湖美景的极度赞美，表达对友人深情的眷恋。

胎宝宝像一颗饱满的小蚕豆。

饮湖上初晴后雨二首·其二

宋·苏轼

水光潋滟晴方好，山色空蒙雨亦奇。
欲把西湖比西子，淡妆浓抹总相宜。

西施是中国古代的四大美女之一，诗人巧妙地把西湖比作绝色美人，认为无论淡妆、浓妆都十分适宜，正是要烘托出西湖的神韵与迷人。

第41~42天

胎宝宝像字母C一样弯曲。

采莲曲·其二

唐·王昌龄

荷叶罗裙一色裁，芙蓉向脸两边开。
乱入池中看不见，闻歌始觉有人来。

采莲女在碧绿的荷叶、艳红的荷花丛中，若隐若现，只有听到歌声才发觉池中有人来采莲，如此优美的意境让人遐想联翩。

池上早夏

唐·白居易

水积春塘晚，阴交夏木繁。
舟船如野渡，篱落似江村。
静拂琴床席，香开酒库门。
慵闲无一事，时弄小娇孙。

胎宝宝面部五官在持续发育。

第45~46天

胎宝宝的头部向前弯曲

秋夕

唐·杜牧

银烛秋光冷画屏，轻罗小扇扑流萤。
天阶夜色凉如水，卧看牵牛织女星。

秋日的晚上，孤独的宫女用团扇扑打飞舞的萤火虫，夜已深沉，渐生凉意却依旧坐在石阶上，仰望着牵牛星和织女星顿生孤寂之情。

天净沙·秋

元·朱庭玉

庭前落尽梧桐，水边开彻芙蓉。
解与诗人意同。
辞柯霜叶，飞来就我题红。

秋天虽有萧瑟：落尽叶子的梧桐，失去昔日娇艳的荷花，但“经霜的红叶离开树枝，飞近身边让我题诗”这样别出机杼的结尾，何尝不是一种诗人对生活的热爱。

胎宝宝的小胳膊像两只鼓鼓的小鱼鳍。

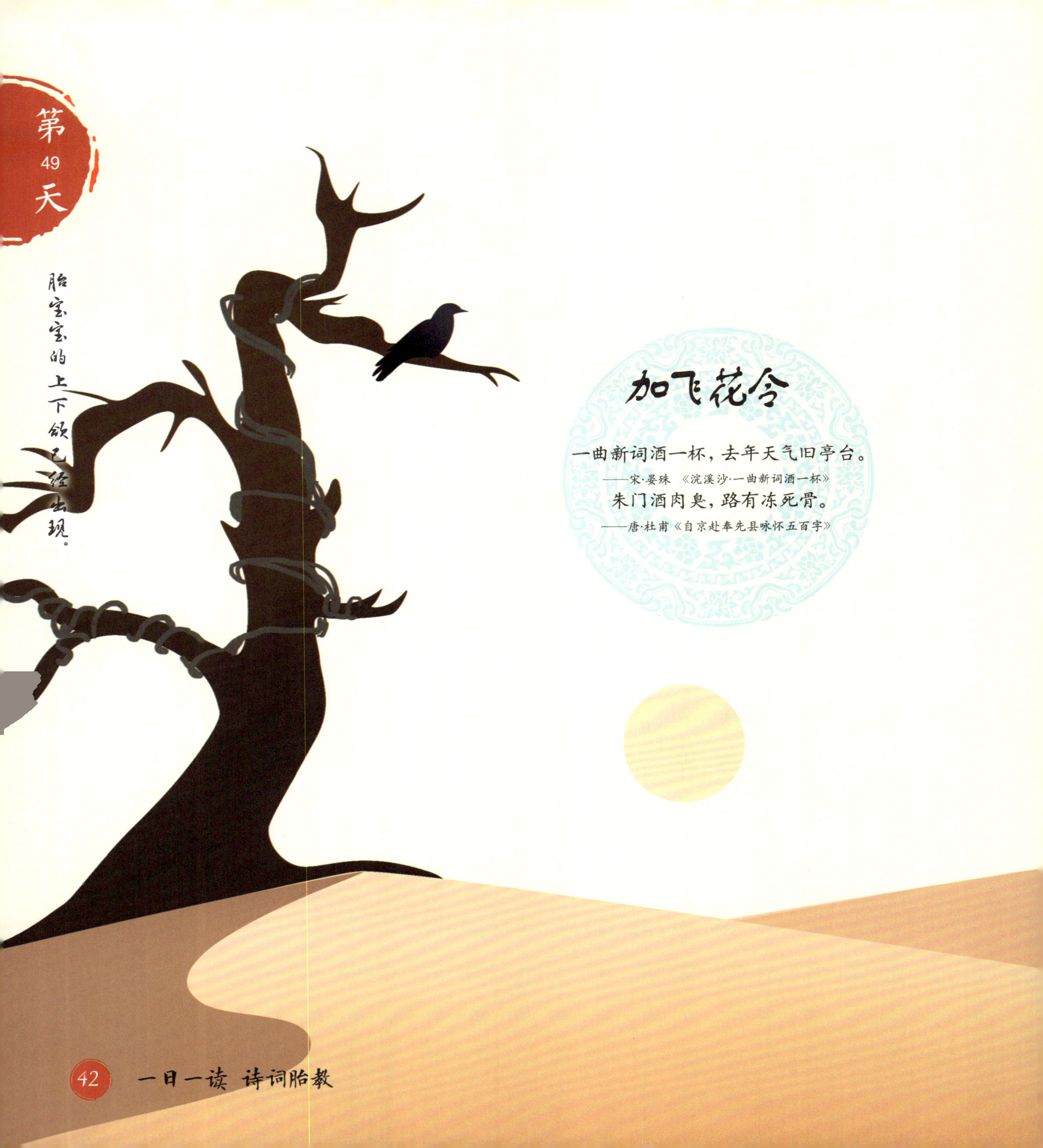

第49天

胎宝宝的上下颌已经出现。

加飞花令

一曲新词酒一杯，去年天气旧亭台。

——宋·晏殊《浣溪沙·一曲新词酒一杯》

朱门酒肉臭，路有冻死骨。

——唐·杜甫《自京赴奉先县咏怀五百字》

胎宝宝头部比躯干大很多。

天净沙·秋思

元·马致远

枯藤老树昏鸦，
小桥流水人家，
古道西风瘦马。
夕阳西下，
断肠人在天涯。

景中有情，情景交融，多种意象被安排得层次分明，构成了一种凄凉的意境，也传达了旅人凄苦的心境。

第50~51天

胎宝宝最初的腭正在形成。

饮酒·其五

魏晋·陶渊明

结庐在人境，而无车马喧。
问君何能尔？心远地自偏。
采菊东篱下，悠然见南山。
山气日夕佳，飞鸟相与还。
此中有真意，欲辨已忘言。

这首诗表现了诗人悠闲自得的心境和对宁静自由的田园生活的热爱。

第52~53天

胎宝宝气管、喉及支气管开始形成。

菊花

唐·元稹

秋丛绕舍似陶家，遍绕篱边日渐斜。
不是花中偏爱菊，此花开尽更无花。

正值秋季，百花渐渐凋零，而菊花却能优雅地绽放，所以热爱生活、热爱自然的诗人，更爱这高洁、脱俗的菊花。

第54~56天

胎宝宝心脏分出了4个心腔。

寒菊

宋·郑思肖

花开不并百花丛，独立疏篱趣未穷。
宁可枝头抱香死，何曾吹落北风中。

郑思肖是南宋末年的爱国诗人，这首诗就是在南宋灭亡以后写的，以寒菊象征忠于故国决不向新朝俯首的凛然气节。

胎宝宝身体在不断长长。

鹧鸪天·桂花

宋·李清照

暗淡轻黄体性柔，情疏迹远只香留。
何须浅碧深红色，自是花中第一流。
梅定妒，菊应羞，画阑开处冠中秋。
骚人可煞无情思，何事当年不见收。

咏物诗词，多以咏物抒情为主，这首咏桂词却多议论，但这也并不影响它充满诗意。你会发现词中的桂花更像是一位温雅柔和、恬静、品格美好的女子。

第 58~59 天

胎宝宝肾脏开始产生尿液了。

己亥杂诗·其五

清·龚自珍

浩荡离愁白日斜，吟鞭东指即天涯。
落红不是无情物，化作春泥更护花。

蜜蜂飞到有鲜花盛开的地方，积极地采花蜜，诗人把辛勤耕作的劳动者比作蜂，表达了对他们的赞美，也有对不劳而获者的痛恨和不满。

飞花令·酒

白日放歌须纵酒，青春作伴好还乡。

——唐·杜甫《闻官军收河南河北》

红酥手，黄藤酒，满城春色宫墙柳。

——宋·陆游《钗头凤·红酥手》

胎宝宝脸部有了大致轮廓。

蜂

唐·罗隐

不论平地与山尖，无限风光尽被占。
采得百花成蜜后，为谁辛苦为谁甜。

蜜蜂飞到有鲜花盛开的地方，积极地采花蜜，诗人把辛勤耕作的劳动者比作蜂，表达了对他们的赞美，也有对不劳而获者的痛恨和不满。

第62~63天

胎宝宝的眼睑已经形成。

石灰吟

明·于谦

千锤万凿出深山，烈火焚烧若等闲。
粉身碎骨全不怕，要留清白在人间。

诗人既是一位民族英雄，又是一位正直的清官。他以石灰作比喻，想要表达自己坚强不屈、洁身自好的品质和不同流合污的高尚情怀。

竹石

清·郑板桥

咬定青山不放松，立根原在破岩中。
千磨万击还坚劲，任尔东西南北风。

诗人通过咏颂立根破岩中的劲竹，含蓄地表达了自己绝不随波逐流的高尚情操。

飞花令·风

人生若只如初见，何事秋风悲画扇。

——清·纳兰性德《木兰花·拟古决绝词柬友》

千里莺啼绿映红，水村山郭酒旗风。

——唐·杜牧《江南春》

胎宝宝手指在发育，像鸭子的脚蹼。

第66天

胎宝宝生殖器官开始发育。

题菊花

唐·黄巢

飒飒西风满院栽，蕊寒香冷蝶难来。
他年我若为青帝，报与桃花一处开。

菊花迎风霜开放，蝴蝶很难飞来采集这份幽芳，为菊花开不逢时而惋惜的诗人，因此想象着有朝一日自己做了司春之神，要让菊花和桃花一起在温暖中开放。

不第后赋菊

唐·黄巢

待到秋来九月八，我花开后百花杀。
冲天香阵透长安，满城尽带黄金甲。

这首《不第后赋菊》的境界比《题菊花》更雄伟、豪迈，通过刻划菊花的形象、歌颂菊花的威武精神，表现了诗人等待时机改天换地的英雄气魄。

胎宝宝外耳、外耳道即将发育完成。

第69天

胎宝宝视网膜着色已经完成了。

黄鹤楼

唐·崔颢

昔人已乘黄鹤去，此地空余黄鹤楼。
黄鹤一去不复返，白云千载空悠悠。
晴川历历汉阳树，芳草萋萋鹦鹉洲。
日暮乡关何处是？烟波江上使人愁。

胎宝宝的手指仍然短小且有蹼相连。

秋词二首·其一

唐·刘禹锡

自古逢秋悲寂寥，我言秋日胜春朝。
晴空一鹤排云上，便引诗情到碧霄。

飞花令·秋

长风万里送秋雁，对此可以酣高楼。
——唐·李白《宣州谢朓楼饯别校书叔云》

碧云天，黄叶地。秋色连波，波上寒烟翠。
——宋·范仲淹《苏幕遮·怀旧》

第72天

胎宝宝会排尿了。

枫桥夜泊

唐・张继

月落乌啼霜满天，江枫渔火对愁眠。
姑苏城外寒山寺，夜半钟声到客船。

唐朝安史之乱后，诗人张继途经寒山寺时，泊舟苏州城外的枫桥。江南水乡秋夜幽美的景色，吸引着这位怀着旅愁的游子，使他领略到一种情味隽永的诗意美，写下了这首意境清远的诗。

飞花令・夜

杏花疏影里，吹笛到天明。
——宋·陈与义《临江仙·夜登小阁忆洛中旧游》

月黑见渔灯，孤光一点萤。
——清·查慎行《舟夜书所见》

胎宝宝的尾巴消失了。

滁州西涧

唐·韦应物

独怜幽草涧边生，上有黄鹂深树鸣。
春潮带雨晚来急，野渡无人舟自横。

这是一首山水诗名篇，描写了山涧水边的幽静景象。写的虽然是平常的景物，但经诗人的点染，却成了一幅意境幽深的有韵之画。

第75天

胎宝宝头部变圆，占身长的一半。

夜雪

唐·白居易

已讶衾枕冷，复见窗户明。
夜深知雪重，时闻折竹声。

朴实自然的诗风、通俗易懂的语言，跟随着诗人从触觉、视觉、感觉、听觉走进夜中的雪，你会发现越细细品味，越有一种新颖别致，宁静淡雅的感觉。

逢雪宿芙蓉山主人

唐·刘长卿

日暮苍山远，天寒白屋贫。
柴门闻犬吠，风雪夜归人。

第78~79天

胎宝宝声带正在形成。

雪梅·其一

宋·卢梅坡

梅雪争春未肯降，骚人阁笔费评章。
梅须逊雪三分白，雪却输梅一段香。

飞花令·山

万里赴戎机，关山度若飞。

——南北朝·佚名《木兰辞》

山回路转不见君，雪上空留马行处。

——唐·岑参《白雪歌送武判官归京》

胎宝宝已经能够张开嘴巴了。

江雪

唐·柳宗元

千山鸟飞绝，万径人踪灭。
孤舟蓑笠翁，独钓寒江雪。

一叶小舟，一位渔翁，其他的人与飞鸟都不见踪迹。天地之间如此纯洁而寂静，一尘不染，万籁无声，呈现出的画面感是如此强烈且空灵。

第82天

胎宝宝个头有拇指那么大了。

梅花

宋·王安石

墙角数枝梅，凌寒独自开。
遥知不是雪，为有暗香来。

飞花令·雪

有梅无雪不精神，有雪无诗俗了人。

——宋·卢梅坡《雪梅·其二》

欲渡黄河冰塞川，将登太行雪满山。

——唐·李白《行路难·其一》

北风卷地白草折，胡天八月即飞雪。

——唐·岑参《白雪歌送武判官归京》

卜算子·咏梅

宋·陆游

驿外断桥边，寂寞开无主。
已是黄昏独自愁，更著风和雨。
无意苦争春，一任群芳妒。
零落成泥碾作尘，只有香如故。

即使饱受摧残，梅花也会傲然不屈，纵然片片花瓣凋落在地，碾作尘泥，也要把阵阵清香留在世间。诗人托物言志，也表达了自己坚贞不屈的精神。

胎宝宝的小鼻子已经和嘴巴分开，并且发育好了。

中篇

『儿童散学归来早，忙趁东风放纸鸢。』

孕妈妈是否已经在畅想宝宝将来活泼贪玩的样子了？很快胎宝宝就会在子宫里『大展拳脚』，让孕妈妈感受到他的力量了。孕妈妈可以在这段时间为他读一些古人描写生活的诗词。

可以通过多普勒胎心仪听到胎宝宝的心跳声。

所见

清·袁枚

牧童骑黄牛，歌声振林樾（yuè）。
意欲捕鸣蝉，忽然闭口立。

诗人用质朴的文字把充满童趣的画面描写得淋漓尽致：天真烂漫的牧童骑着黄牛，悠闲自得，听到蝉叫后，又马上可爱地停住唱歌专心捕蝉。

第 87~89 天

胎宝宝乳牙及牙槽形成。

牧童

唐·吕岩

草铺横野六七里，笛弄晚风三四声。
归来饱饭黄昏后，不脱蓑衣卧月明。

在晚风中吹着笛子、饭后躺在草地上赏月，牧童生活的恬静与闲适，也正是诗人对远离喧嚣、安然自乐的一种向往。

胎宝宝脾脏发育成形。

小儿垂钓

唐·胡令能

蓬头稚子学垂纶，侧坐莓苔草映身。
路人借问遥招手，怕得鱼惊不应人。

清平乐·村居

宋·辛弃疾

茅檐低小，溪上青青草。
醉里吴音相媚好，白发谁家翁媪（ǎo）？
大儿锄豆溪东，中儿正织鸡笼。
最喜小儿亡赖，溪头卧剥莲蓬。

白发的老人在聊天，大儿在豆田除草，二儿忙着编鸡笼，小儿快乐地剥着莲蓬，在充满生活气息的诗中，乡村景象被描绘得如此清新秀丽、朴素雅静。

第95~96天

胎宝宝的小手、小脚活动自如了。

池上二绝·其二

唐·白居易

小娃撑小艇，偷采白莲回。
不解藏踪迹，浮萍一道开。

从撑船进入池中到离开时浮萍被划开留下清晰的痕迹，短短的四句诗，竟把偷采白莲的孩子描写得如此天真可爱、活泼有趣。

第 95~96 天

胎宝宝重约28克。

第97~99天

胎宝宝牙床已经在牙肉里出现。

归园田居·其三

魏晋·陶渊明

种豆南山下，草盛豆苗稀。
晨兴理荒秽，带月荷锄归。
道狭草木长，夕露沾我衣。
衣沾不足惜，但使愿无违。

归隐后的诗人用心感受生活的美好，也热爱着平静的田园生活，描写着自己种豆除草的艰辛劳作，使整首诗在平淡中又富有情趣。

第100天

山村咏怀

宋·邵雍

一去二三里，烟村四五家。
亭台六七座，八九十枝花。

胎宝宝在不断练习吞咽和吸吮动作。

诗人只用了寥寥几笔就构成一幅自然朴实而又朦胧的山村风景画，自然地融于山村的意境之中。

第 101~102 天

胎宝宝可以转头、张嘴、挥舞小手了。

宿新市徐公店·其二

宋·杨万里

篱落疏疏一径深，树头花落未成阴。
儿童急走追黄蝶，飞入菜花无处寻。

胎宝宝在子宫里动来动去，非常活跃。

村居

清·高鼎

草长莺飞二月天，拂堤杨柳醉春烟。
儿童散学归来早，忙趁东风放纸鸢。

飞花令·月

春江潮水连海平，海上明月共潮生。
——唐·张若虚《春江花月夜》

烟笼寒水月笼沙，夜泊秦淮近酒家。
——唐·杜牧《泊秦淮》

第106~107天

胎宝宝脖子发育成形，头部和躯干有所区分了。

闲居初夏午睡起·其一

宋·杨万里

梅子留酸软齿牙，芭蕉分绿与窗纱。
日长睡起无情思，闲看儿童捉柳花。

飞花令·花

当窗理云鬓，对镜帖花黄。
——南北朝·佚名《木兰辞》

江流宛转绕芳甸，
月照花林皆似霰（xiàn）。
——唐·张若虚《春江花月夜》

闲居初夏午睡起·其二

宋·杨万里

松阴一架半弓苔，偶欲看书又懒开。
戏掬清泉洒蕉叶，儿童误认雨声来。

胎宝宝脊背肌肉在生长。

诗人总是善于捕捉并记录下生活中的美好瞬间，自身的恬静闲适与孩子们的天真烂漫相映成趣，这样的乡村生活谁又不喜欢呢？

第110天

与小女

唐·韦庄

见人初解语呕哑，不肯归眠恋小车。
一夜娇啼缘底事，为嫌衣少缕金华。

诗人抓住小女孩学话、贪玩、爱漂亮、常哭闹的特点，把女儿的天真可爱表现得淋漓尽致，而诗人的爱女之心也显而易见。

胎宝宝的脑部发育已经趋于完善了。

行香子·树绕村庄

宋·秦观

树绕村庄，水满陂塘。倚东风、豪兴徜徉。
小园几许，收尽春光。有桃花红，李花白，菜花黄。
远远围墙，隐隐茅堂。飏（yáng）青旗、流水桥旁。
偶然乘兴、步过东冈。正莺儿啼，燕儿舞，蝶儿忙。

胎宝宝身长和体重不断增长。

秦观如同一名导游，带着我们漫步这春意盎然、绿树环绕的宋代村庄，其间桃花、李花、菜花，色彩明丽，而小桥流水、莺啼燕舞，又别有一番趣味。

胎宝宝的骨骼和肌肉越来越强壮了。

江村

唐·杜甫

清江一曲抱村流，长夏江村事事幽。
自去自来梁上燕，相亲相近水中鸥。
老妻画纸为棋局，稚子敲针作钓钩。
但有故人供禄米，微躯此外更何求？

夏日田园杂兴·其七

宋·范成大

昼出耘田夜绩麻，村庄儿女各当家。
童孙未解供耕织，也傍桑阴学种瓜。

村中的大人们昼夜忙着干活，男女各司其职，耳濡目染的孩子们也喜欢劳动，在树下学着种瓜，无论是繁忙的劳作还是淳朴可爱的孩子，都具有浓郁的生活气息。

第119天

胎宝宝身体系统可正常运作。

终南别业

唐·王维

中岁颇好道，晚家南山陲。
兴来每独往，胜事空自知。
行到水穷处，坐看云起时。
偶然值林叟，谈笑无还期。

飞花令·云

长风破浪会有时，直挂云帆济沧海。
——唐·李白《行路难·其一》

月下飞天镜，云生结海楼。
——唐·李白《渡荆门送别》

山中送别

唐·王维

山中相送罢，日暮掩柴扉。
春草明年绿，王孙归不归？

与其他送别诗不同，相比分离时的依依不舍，更期待日后的重聚。王维的独具匠心，在于拾取生活中的常见素材，运用质朴的语言，表达真挚的情感，让诗更具有韵味。

胎宝宝醒着时会练习吸吮和眨眼。

第122~123天

胎宝宝的眼睛从以前的左右看发展成能向前看了。

田园乐七首·其四

唐·王维

萋萋春草秋绿，落落长松夏寒。
牛羊自归村巷，童稚不识衣冠。

胎宝宝的指纹长出来了。

田园乐七首·其六

唐·王维

桃红复含宿雨，柳绿更带朝烟。
花落家童未扫，莺啼山客犹眠。

粉嫩的花瓣上点缀着昨夜的雨珠，一片翠柳笼罩在朦胧的烟雾之中，家童还未起床打扫这落满花瓣的庭院，啼叫的黄莺没有惊扰到酣睡的隐士。

第127~128天

胎宝宝可以清楚地听到各种声音了。

山居秋暝

唐·王维

空山新雨后，天气晚来秋。
明月松间照，清泉石上流。
竹喧归浣女，莲动下渔舟。
随意春芳歇，王孙自可留。

空山雨后的秋凉，松间明月的光照，石上清泉的声音以及浣女归来竹林中的喧笑声，渔船穿过荷花的动态，和谐完美地融合在一起，像一幅清新秀丽的山水画，又像一支恬静优美的抒情乐曲，体现了王维诗中有画的创作特点。

飞花令·山

蝉噪林逾静，鸟鸣山更幽。
——南北朝·王籍《入若耶溪》

山不厌高，海不厌深。
——曹操·东汉《短歌行》

第127~128天

胎宝宝有明显的手部和脚部活动。

第129天

女宝宝的卵子已经存在了。

鸟鸣涧

唐·王维

人闲桂花落，夜静春山空。
月出惊山鸟，时鸣春涧中。

山间夜晚的空灵，就在“花落”“月出”“鸟鸣”中突显出来，诗人以动衬静，勾勒出一幅诗情画意的鸟鸣山幽图。

鹿柴

唐·王维

空山不见人，但闻人语响。
返景入深林，复照青苔上。

山间夜晚的空灵，就在“花落”“月出”“鸟鸣”中突显出来，诗人以动衬静，勾勒出一幅诗情画意的鸟鸣山幽图。

胎宝宝皮肤分泌出具有防水作用的胎儿皮脂。

第132~133天

出郊

明·杨慎

高田如楼梯，平田如棋局。
白鹭忽飞来，点破秧针绿。

一层层梯田，如棋盘的水田，还有在绿田中留下洁白的身影的白鹭。善于发现美的诗人捕捉到了水田这充满生机又美如画卷的春色。

胎宝宝脖子、胸部和腹部开始出现皮下脂肪了。

乡村四月

宋·翁卷

绿遍山原白满川，子规声里雨如烟。
乡村四月闲人少，才了蚕桑又插田。

胎宝宝时睡时醒。

一层层梯田，如棋盘的水田，还有在绿田中留下洁白的身影的白鹭。善于发现美的诗人捕捉到了水田这充满生机又美如画卷的春色。

胎宝宝骨骼在不断变坚固。

西江月·夜行黄沙道中

宋·辛弃疾

明月别枝惊鹊，清风半夜鸣蝉。
稻花香里说丰年，听取蛙声一片。
七八个星天外，两三点雨山前。
旧时茅店社林边，路转溪桥忽见。

明月清风，疏星稀雨，鹊惊蝉鸣，稻花飘香，蛙声一片，诗中所描绘的景色令人悠然神往。

胎宝宝长出眉毛了。

游山西村

宋·陆游

莫笑农家腊酒浑，丰年留客足鸡豚。
山重水复疑无路，柳暗花明又一村。
箫鼓追随春社近，衣冠简朴古风存。
从今若许闲乘月，拄杖无时夜叩门。

在陆游笔下，一副色彩明丽的农村风光图呈现在我们面前。

飞花令·月

人生得意须尽欢，莫使金樽空对月。

——唐·李白《将进酒》

人生如梦，一尊还酹（lèi）江月。

——宋·苏轼《念奴娇·赤壁怀古》

第 142~144 天

胎宝宝有时候会津津有味地吸吮手指。

望庐山瀑布

唐·李白

日照香炉生紫烟，遥看瀑布挂前川。
飞流直下三千尺，疑是银河落九天。

被誉为“诗仙”的李白把庐山瀑布描写得如此雄伟奇丽、气势磅礴，离不开修辞手法比喻、夸张、想象的运用，使景色既有朦胧美，又有雄浑美。

胎宝宝可以将双臂同时举起来了。

望天门山

唐·李白

天门中断楚江开，碧水东流至此回。
两岸青山相对出，孤帆一片日边来。

雄奇壮观的天门山、浩荡奔流的江水、乘风而来的孤帆，整首诗意境开阔，也展示了诗人自由洒脱、豪迈奔放的精神。

胎宝宝能分辨子宫内外的声音了。

月下独酌四首·其一

唐·李白

花间一壶酒，独酌无相亲。
举杯邀明月，对影成三人。
月既不解饮，影徒随我身。
暂伴月将影，行乐须及春。
我歌月徘徊，我舞影零乱。
醒时同交欢，醉后各分散。
永结无情游，相期邈云汉。

夜下花间独酌时，诗人突发奇想，把明月、身影，连同自己在内，想象成三个人在举杯共酌，使这首诗增添了独特的韵味。

第 148~150 天

胎宝宝的手指开始长出小指甲。

第151~154天

男宝宝的睾丸开始下降。

独坐敬亭山

唐·李白

众鸟高飞尽，孤云独去闲。
相看两不厌，只有敬亭山。

群鸟高飞无影无踪，孤云独去自在悠闲。你看我，我看你，彼此之间两不相厌，只有我和眼前的敬亭山了。

胎宝宝的身体比例变得比较协调了。

山行

唐·杜牧

远上寒山石径斜，白云生处有人家。
停车坐爱枫林晚，霜叶红于二月花。

《山行》于萧瑟秋风中摄取绚丽秋色，与春光争胜，令人赏心悦目，精神发越。

飞花令·花

春风得意马蹄疾，一日看尽长安花。

——唐·孟郊《登科后》

落花人独立，微雨燕双飞。

——宋·晏几道《临江仙·梦后楼台高锁》

泊船瓜洲

宋·王安石

京口瓜洲一水间，钟山只隔数重山。
春风又绿江南岸，明月何时照我还。

胎宝宝皮下脂肪会继续囤积。

这首诗，最令人津津乐道的还是修辞上的锤炼。据洪迈《容斋续笔》中记载，“又绿江南岸”的“绿”字，改了十几个字，最后才定为“绿”字。真达到了“语不惊人死不休”的境地。

卜算子·送鲍浩然之浙东

宋·王观

水是眼波横，山是眉峰聚。
欲问行人去那边？眉眼盈盈处。
才始送春归，又送君归去。
若到江南赶上春，千万和春住。

最后两句是词人对鲍浩然的祝愿，一反送别词中惯常的悲悲切切，写得情意绵绵而又富有灵性。

胎宝宝皮肤很薄且是透明的。

飞花令·春

春城无处不飞花，寒食东风御柳斜。
——唐·韩翃《寒食》

今夜偏知春气暖，虫声新透绿窗纱。
——唐·刘方平《月夜》

第164~166天

胎宝宝胎心音越来越强了。

约客

宋·赵师秀

黄梅时节家家雨，青草池塘处处蛙。
有约不来过夜半，闲敲棋子落灯花。

胎宝宝的胎毛长长了。

问刘十九

唐·白居易

绿蚁新醅酒，红泥小火炉。
晚来天欲雪，能饮一杯无？

在天色渐晚，雪意渐浓的寒冬里，小屋中的炉火正烧得通红，诗人想要邀请朋友来饮酒叙旧的这份浓浓情谊，为这冬日增添了一丝温暖。

第170~172天

胎宝宝偶尔会打嗝。

过故人庄

唐·孟浩然

故人具鸡黍，邀我至田家。
绿树村边合，青山郭外斜（xiá）。
开轩面场圃，把酒话桑麻。
待到重阳日，还来就菊花。

在淳朴自然的田园风光之中，主客举杯饮酒，闲谈家常，充满了乐趣，抒发了诗人和朋友之间真挚的友情。

辋（wǎng）川闲居赠裴秀才迪

唐·王维

寒山转苍翠，秋水日潺湲。
倚杖柴门外，临风听暮蝉。
渡头余落日，墟里上孤烟。
复值接舆（yú）醉，狂歌五柳前。

胎宝宝脊柱结构开始形成。

裴迪是王维的好友，两人同隐终南山，常常在辋川“浮舟往来，弹琴赋诗，啸咏终日”。此诗就是他们的彼此酬赠之作。

第176天

胎宝宝皮肤依然薄如蝉翼。

送灵澈上人

唐·刘长卿

苍苍竹林寺，杳杳钟声晚。
荷笠带斜阳，青山独归远。

灵澈上人是中唐时期一位著名诗僧，诗中的竹林寺在润州（今江苏镇江），是灵澈此次游方歇宿的寺院。这首诗写傍晚时分，诗人送灵澈返回竹林寺的途中。

酬乐天扬州初逢席上见赠

唐·刘禹锡

巴山楚水凄凉地，二十三年弃置身。
怀旧空吟闻笛赋，到乡翻似烂柯人。
沉舟侧畔千帆过，病树前头万木春。
今日听君歌一曲，暂凭杯酒长精神。

诗人回顾了自己的贬谪生活，虽有伤感与低沉，但最后又有劝勉、鼓励之意，表达了诗人坚定的信念与豁达的胸襟。

胎宝宝的鼻孔已经张开了。

第 180~182 天

胎宝宝手指甲和脚趾甲慢慢长长了。

送友人

唐·李白

青山横北郭，白水绕东城。
此地一为别，孤蓬万里征。
浮云游子意，落日故人情。
挥手自兹去，萧萧班马鸣。

青翠的山峦，波光粼粼的流水，缓缓落下的夕阳……连马儿好像也懂得主人的心情，萧萧长鸣，在此情此景下与友人分离，让人格外感动。

第180~182天

胎宝宝的鼻孔已经张开了。

飞花令·云

明月出天山，苍茫云海间。

——唐·李白《关山月》

鸟向檐上飞，云从窗里出。

——南北朝·吴均《山中杂诗》

第183~184天

胎宝宝睡觉很有规律。

江南逢李龟年

唐·杜甫

岐王宅里寻常见，崔九堂前几度闻。
正是江南好风景，落花时节又逢君。

这首七言绝句脍炙人口，是杜甫晚年创作生涯中的绝唱。

淮上喜会梁川故人

唐·韦应物

江汉曾为客，相逢每醉还。
浮云一别后，流水十年间。
欢笑情如旧，萧疏鬓已斑。
何因北归去，淮上对秋山。

诗题曰“喜会”故人，诗中表现的却是“此日相逢思旧日，一杯成喜亦成悲”那样一种悲喜交集的感情。

第185~186天

胎宝宝肺部气囊开始发育。

第187~189天

胎宝宝的大脑开始有一定的记忆和思考能力了。

寄扬州韩绰判官

唐·杜牧

青山隐隐水迢迢，秋尽江南草未凋。
二十四桥明月夜，玉人何处教吹箫？

飞花令·夜

昨夜星辰昨夜风，画楼西畔桂堂东。

——唐·李商隐《无题》

昨夜寒蛩（qióng）不住鸣。
惊回千里梦，已三更。

——宋·岳飞《小重山·昨夜寒蛩不住鸣》

秋夜寄邱员外

唐·韦应物

怀君属秋夜，散步咏凉天。
空山松子落，幽人应未眠。

诗人在深秋表达对朋友的思念之情，先写自己，再写所怀念之人，将身边之景与遥想之景都融入诗中。诗虽短小，却语浅情深，使人读后韵味悠长。

第193~194天

胎宝宝的口唇部位神经更敏感了。

送元二使安西

唐·王维

渭城朝雨浥（yì）轻尘，客舍青青柳色新。
劝君更尽一杯酒，西出阳关无故人。

飞花令·柳

今宵酒醒何处？杨柳岸，晓风残月。

——宋·柳永《雨霖铃·寒蝉凄切》

秦楼月，年年柳色，灞陵伤别。

——唐·李白《忆秦娥·箫声咽》

别董大二首·其一

唐·高适

千里黄云白日曛，北风吹雁雪纷纷。
莫愁前路无知己，天下谁人不识君。

胎宝宝脑容积变大。

下篇

『东风夜放花千树。更吹落、星如雨。宝马雕车香满路。』

多么欢快的场景，『火树银花』的美景一定要带宝宝去看看。等宝宝降生，妈妈爸爸定要为新生命好好庆祝一番。欢迎你，我的宝贝！

第197~198天

胎宝宝已经基本占满了孕妈妈的子宫。

元日

宋·王安石

爆竹声中一岁除，春风送暖入屠苏。
千门万户曈曈日，总把新桃换旧符。

喜洋洋的节日气氛里，人们在一片爆竹声中迎接新的一年，当时正值诗人出任宰相，推行新法，所以诗中洋溢着喜悦、奋发、积极向上的精神。

第199~200天

胎宝宝对光线、声音、气味更敏感了。

青玉案·元夕

宋·辛弃疾

东风夜放花千树。更吹落，星如雨。宝马雕车香满路。
凤箫声动，玉壶光转，一夜鱼龙舞。
蛾儿雪柳黄金缕。笑语盈盈暗香去。众里寻他千百度。
蓦然回首，那人却在，灯火阑珊处。

上阕的花灯、烟火、马车营造出人们在节日里尽情狂欢的景象，而下阕的“那人却在，灯火阑珊处”更让人意味深长。

第201天

胎宝宝大脑表面有越来越多的沟回和褶皱。

清明

唐·杜牧

清明时节雨纷纷，路上行人欲断魂。
借问酒家何处有？牧童遥指杏花村。

清明时节，细雨纷纷，行人触景伤情，闷闷不乐，询问何处可以买到酒时，牧童笑而不答的“遥指”让人浮想联翩，意味深长。

第202~203天

清明日对酒

宋·高翥

南北山头多墓田，清明祭扫各纷然。
纸灰飞作白蝴蝶，泪血染成红杜鹃。
日落狐狸眠冢上，夜归儿女笑灯前。
人生有酒须当醉，一滴何曾到九泉。

胎宝宝的眼睛可以在眼眶里转动了。

第204天

胎宝宝能辨别爸爸妈妈的声音了。

鹊桥仙·纤云弄巧

宋·秦观

纤云弄巧，飞星传恨，银汉迢迢暗度。
金风玉露一相逢，便胜却人间无数。
柔情似水，佳期如梦，忍顾鹊桥归路。
两情若是久长时，又岂在朝朝暮暮。

牛郎织女的故事众人熟知，词人借这一故事既歌颂了人间的美好爱情，也表达了自己的爱情观念。

听到巨响时，胎宝宝可能会动动身体、踢踢腿。

迢迢牵牛星

两汉·佚名

迢迢牵牛星，皎皎河汉女。
纤纤擢素手，札札弄机杼（zhù）。
终日不成章，泣涕零如雨。
河汉清且浅，相去复几许！
盈盈一水间，脉脉不得语。

第
207~209
天

胎宝宝骨骼逐渐变硬。

水调歌头·明月几时有

宋·苏轼

丙辰中秋，欢饮达旦，大醉，作此篇，兼怀子由。

明月几时有？把酒问青天。不知天上宫阙，今夕是何年。我欲乘风归去，又恐琼楼玉宇，高处不胜寒。起舞弄清影，何似在人间？

转朱阁，低绮户，照无眠。不应有恨，何事长向别时圆？人有悲欢离合，月有阴晴圆缺，此事古难全。但愿人长久，千里共婵娟。

飞花令·月

海上生明月，天涯共此时。

——唐·张九龄《望月怀远》

小时不识月，呼作白玉盘。

——唐·李白《古朗月行》

第
210~211
天

胎宝宝大脑正在生成数十亿个神经元细胞。

九月九日忆山东兄弟

唐·王维

独在异乡为异客，每逢佳节倍思亲。
遥知兄弟登高处，遍插茱萸少一人。

节日，应该是家人团聚的时候，诗人用朴素无华的言语，表达了因漂泊在外而思念家人的心情，看似平静，实则深沉。

九日齐安登高

唐·杜牧

江涵秋影雁初飞，与客携壶上翠微。
尘世难逢开口笑，菊花须插满头归。
但将酩酊酬佳节，不用登临恨落晖。
古往今来只如此，牛山何必独沾衣。

面对人生中有太多忧愁、生死无常，诗人借重阳节登山远眺，来抒发自己看破之后的旷达。

第 215~217 天

胎宝宝大部分器官已经发育成熟。

醉花阴·薄雾浓云愁永昼

宋·李清照

薄雾浓云愁永昼，瑞脑消金兽。
佳节又重阳，玉枕纱橱，半夜凉初透。
东篱把酒黄昏后，有暗香盈袖。
莫道不销魂，帘卷西风，人比黄花瘦。

这首词是李清照婚后所作，抒发的是重阳佳节思念丈夫的心情。

如梦令·昨夜雨疏风骤

宋·李清照

昨夜雨疏风骤，浓睡不消残酒。
试问卷帘人，却道海棠依旧。
知否，知否？应是绿肥红瘦。

此词借宿酒醒后询问花事的描写，曲折委婉地表达了词人的惜花伤春之情。

第218~219天

胎宝宝男宝宝的睾丸逐渐下降到阴囊。

第220~221天

胎宝宝大脑能同时接收、处理信息了。

如梦令·常记溪亭日暮

宋·李清照

常记溪亭日暮，沉醉不知归路。
兴尽晚回舟，误入藕花深处。
争渡，争渡，惊起一滩鸥鹭。

胎宝宝大脑发育更完善。

飞花令·花

我家洗砚池头树，朵朵花开淡墨痕。

——元·王冕《墨梅》

不知近水花先发，疑是经冬雪未销。

——唐·张谓《早梅》

胎宝宝眼睛能够分辨明暗了。

卜算子·我住长江头

宋·李之仪

我住长江头，君住长江尾。
日日思君不见君，共饮长江水。
此水几时休，此恨何时已。
只愿君心似我心，定不负相思意。

全词以江水为线索，悠悠江水既是阻碍双方相见的天然屏障，也是遥寄情思的一种载体，词人用朴实的语言表达了这深沉的感情。

胎宝宝头发在不断变长。

离思五首·其四

唐·元稹

曾经沧海难为水，除却巫山不是云。
取次花丛懒回顾，半缘修道半缘君。

第225~226天

胎宝宝基本是头朝下的姿势了。

相思

唐·王维

红豆生南国，春来发几枝。
愿君多采撷（xié），此物最相思。

红豆，色彩鲜艳，外形浑圆，晶莹如珊瑚，又叫相思子。诗人咏物寄相思，全诗既明快，却又委婉含蓄。

锦瑟

唐·李商隐

锦瑟无端五十弦，一弦一柱思华年。
庄生晓梦迷蝴蝶，望帝春心托杜鹃。
沧海月明珠有泪，蓝田日暖玉生烟。
此情可待成追忆，只是当时已惘然。

胎宝宝遇上强光会闭上眼睛。

飞花令·月

星垂平野阔，月涌大江流。

——唐·杜甫《旅夜书怀》

可怜九月初三夜，露似真珠月似弓。

——唐·白居易《暮江吟》

第229天

菩萨蛮·小山重叠金明灭

唐·温庭筠

小山重叠金明灭，鬓云欲度香腮雪。
懒起画蛾眉，弄妆梳洗迟。
照花前后镜，花面交相映。
新帖绣罗襦，双双金鹧鸪。

胎宝宝经常拨弄脐带。

夜雨寄北

唐·李商隐

君问归期未有期，巴山夜雨涨秋池。
何当共剪西窗烛，却话巴山夜雨时。

你问我回家的日子，我尚未定归期；
今晚巴山下着大雨，雨水涨满秋池。
何时你我重新聚首，共剪西窗烛花；
再告诉你今夜秋雨，我的思念之情。

第 232~233 天

胎宝宝越来越顽皮了，可能会猛踢一脚。

春思

唐·李白

燕草如碧丝，秦桑低绿枝。
当君怀归日，是妾断肠时。
春风不相识，何事入罗帏？

妻子在明媚的春日里思念着丈夫，盼望战争可以早日胜利。全诗表现了思妇对爱情的坚贞，虽言辞朴实无华，却情深意切。

胎宝宝全身骨骼在慢慢硬化，但头骨还是软软的。

三五七言

唐·李白

秋风清，秋月明，
落叶聚还散，寒鸦栖复惊。
相思相见知何日？此时此夜难为情！
入我相思门，知我相思苦，
长相思兮长相忆，短相思兮无穷极，
早知如此绊人心，何如当初莫相识。

三五七言诗，诗体的一种，指一首中杂用三、五、七言为句。始创于李白的这首《三五七言》诗。

第237~238天

胎宝宝的脂肪层越来越厚。

上邪

汉·佚名

上邪！我欲与君相知，长命无绝衰。
山无陵，江水为竭。
冬雷震震，夏雨雪。
天地合，乃敢与君绝。

这是爱情的浪漫誓词，以五件不可能的事情来证明自己坚贞、生死不渝的爱情，气势豪放、感人肺腑。

胎宝宝开始发育自己的免疫系统了。

越人歌

春秋·佚名

今夕何夕兮，搴（qiān）舟中流。
今日何日兮，得与王子同舟。
蒙羞被（pī）好兮，不訾（zǐ）诟耻（gòu）。
心几（jī）烦而不绝兮，得知王子。
山有木兮木有枝，心悦君兮君不知。

深入人心的应该是最后的“山有木兮木有枝，心悦君兮君不知”，读起来情深意切，字字句句动人心魂。

第240~241天

胎宝宝对声音十分敏感了，听到声响的反应也更多了。

采葛

《诗经·国风·王风》

彼采葛兮，一日不见，如三月兮！
彼采萧兮，一日不见，如三秋兮！
彼采艾兮！一日不见，如三岁兮！

没有卿卿我我的呓语，只有无尽的思念，虽然运用了夸张的手法，而这种急切的相思之情，却被人们传诵至今。

子宫内已经没有多少活动空间了。

子衿

《诗经·国风·郑风》

青青子衿，悠悠我心。纵我不往，子宁不嗣音？
青青子佩，悠悠我思。纵我不往，子宁不来？
挑兮达兮，在城阙兮。一日不见，如三月兮。

女子单相思的心理活动维肖维妙地呈现在我们眼前，而且意境很美，是一首难得的优美的情歌。

飞花令·月

露从今夜白，月是故乡明。

——唐·杜甫《月夜忆舍弟》

鸡声茅店月，人迹板桥霜。

——唐·温庭筠《商山早行》

第244~246天

胎宝宝头围又增长了约1厘米。

飞花令·酒

今日听君歌一曲，暂凭杯酒长精神。

——唐·刘禹锡《酬乐天扬州初逢席上见赠》

烟笼寒水月笼沙，夜泊秦淮近酒家。

——唐·杜牧《泊秦淮》

胎宝宝胃肠系统还没发挥作用。

击壤歌

先秦·佚名

日出而作，日入而息。
凿井而饮，耕田而食。
帝力于我何有哉！

朴实的语言就像诗中描述的简朴生活，全诗用语纯净、自然，咏赞了这种自给自足、淳朴的生活。

胎宝宝继续囤积脂肪。

游子吟

唐·孟郊

慈母手中线，游子身上衣。
临行密密缝，意恐迟迟归。
谁言寸草心，报得三春晖。

家喻户晓的《游子吟》不断被人们传诵着，儿子远行，母亲在灯下不知疲倦地缝衣服，多么平凡的场景，却总会让人为这伟大且无私的母爱所感动。

岁暮到家

清·蒋士铨

爱子心无尽，归家喜及辰。
寒衣针线密，家信墨痕新。
见面怜清瘦，呼儿问苦辛。
低徊愧人子，不敢叹风尘。

诗中描述游子与母亲相见的场景，在慈爱的母亲面前，每一位游子何尝不是像诗人一般百感交集，既感激着，又充满着内疚。

第250~252天

胎宝宝活动受限，但动作力度大了。

芙蓉楼送辛渐

唐·王昌龄

寒雨连江夜入吴，平明送客楚山孤。
洛阳亲友如相问，一片冰心在玉壶。

飞花令·雨

床头屋漏无干处，雨脚如麻未断绝。

——唐·杜甫《茅屋为秋风所破歌》

夜阑卧听风吹雨，铁马冰河入梦来。

——宋·陆游《十一月四日风雨大作》

杂诗三首·其二

唐·王维

君自故乡来，应知故乡事。
来日绮窗前，寒梅著花未？

第253~254天

胎宝宝身长增长缓慢。

第255天

胎头下降到骨盆。

回乡偶书二首·其一

唐·贺知章

少小离家老大回，乡音无改鬓毛衰。
儿童相见不相识，笑问客从何处来。

整首诗语言朴实，情感真挚。诗人久居他乡的伤感，久别回乡的亲切感，都源于生活，发于内心，其中儿童问话的场面更是充满着生活情趣。

第
255
天

胎宝宝在为出生做准备。

第
256~257
天

胎宝宝对光线变得更加敏感，喜欢面朝明亮的方向。

秋思

唐·张籍

洛阳城里见秋风，欲作家书意万重。
复恐匆匆说不尽，行人临发又开封。

诗人通过寄家书时的思想活动和行动细节，非常真切细腻地表达了对家乡亲人的深切怀念。

第258天

渡汉江

唐·宋之问

岭外音书断，经冬复历春。
近乡情更怯，不敢问来人。

诗人久离家乡，与亲人断了音信。在归乡途中不禁有感而发，尤其是最后两句归乡时不安、畏怯的矛盾心情，更值得仔细寻味。

胎宝宝现在已经是一个又圆又结实的小家伙了。

第
259~260
天

胎宝宝的肠内积聚了大量胎粪。

望岳

唐·杜甫

岱宗夫如何？齐鲁青未了。
造化钟神秀，阴阳割昏晓。
荡胸生曾云，决眦入归鸟。
会当凌绝顶，一览众山小。

全诗仅仅围绕题目中的“望”字着笔，由远及近，将泰山雄伟磅礴的气势和秀丽的景色展现得淋漓尽致，也表现了诗人不畏艰难，勇攀高峰的雄心与气概。

登鹳雀楼

唐·王之涣

白日依山尽，黄河入海流。
欲穷千里目，更上一层楼。

这首诗是唐代五言诗的压卷之作，王之涣因这首五言绝句而名垂千古，鹳雀楼也因此诗而名扬中华。

胎宝宝足月了，随时可能出生。

金缕衣

唐·佚名

劝君莫惜金缕衣，劝君惜取少年时。
花开堪折直须折，莫待无花空折枝。

不要辜负青春年华，就是这首诗想要传达的意义，字与字、句与句的反复，使整首诗旋律优美，读起来琅琅上口，耐人寻味。

杂诗十二首·其一

魏晋·陶渊明

人生无根蒂，飘如陌上尘。
分散逐风转，此已非常身。
落地为兄弟，何必骨肉亲！
得欢当作乐，斗酒聚比邻。
盛年不重来，一日难再晨。
及时当勉励，岁月不待人。

胎宝宝的头围基本等于臀围。

第265天

胎宝宝已经发育得很成熟了。

题西林壁

宋·苏轼

横看成岭侧成峰，远近高低各不同。
不识庐山真面目，只缘身在此山中。

飞花令·山

国破山河在，城春草木深。
——唐·杜甫《春望》

大漠沙如雪，燕山月似钩。
——唐·李贺《马诗二十三首·其五》

观书有感二首·其一

宋·朱熹

半亩方塘一鉴开，天光云影共徘徊。
问渠那得清如许？为有源头活水来。

诗作以源头活水比喻学习要不断读书，不断从读书中汲取新的营养才能有日新月异的进步。

第268天

胎宝宝的皮肤由红色或粉红色变成白色或蓝红色。

观猎

唐·王维

风劲角弓鸣，将军猎渭城。
草枯鹰眼疾，雪尽马蹄轻。
忽过新丰市，还归细柳营。
回看射雕处，千里暮云平。

古从军行

唐·李颀

白日登山望烽火，黄昏饮马傍交河。
行人刁斗风沙暗，公主琵琶幽怨多。
野云万里无城郭，雨雪纷纷连大漠。
胡雁哀鸣夜夜飞，胡儿眼泪双双落。
闻道玉门犹被遮，应将性命逐轻车。
年年战骨埋荒外，空见蒲桃入汉家。

胎脂开始脱落，皮肤变得光滑。

飞花令·雪

长安大雪天，鸟雀难相觅。

——唐·张孜《雪诗》

燕支长寒雪作花，蛾眉憔悴没胡沙。

——唐·李白《王昭君二首》

第271~273天

胎宝宝皮肤皱纹逐渐消失。

胎毛正在消失。

渔家傲·秋思

宋·范仲淹

塞下秋来风景异，衡阳雁去无留意。
四面边声连角起。千嶂里，长烟落日孤城闭。
浊酒一杯家万里，燕然未勒归无计。
羌管悠悠霜满地。人不寐，将军白发征夫泪。

秋天带着萧瑟之感悄然降临，艰苦的边塞生活，饮酒思乡却不能回去的将士们，使整首诗都散发出苍凉悲壮和忧国爱国的深沉之情。

第274天

胎宝宝肺泡发育完全。

子夜吴歌·秋歌

唐·李白

长安一片月，万户捣衣声。
秋风吹不尽，总是玉关情。
何日平胡虏，良人罢远征。

皎洁的月光，伴着千家万户的捣衣声，如同电影般的画面里掩不住的是那浓浓的思念，妇女们都盼望着战争能够结束，期待远征的丈夫早日归来。

第 275~276 天

使至塞上

唐·王维

单车欲问边，属国过居延。
征蓬出汉塞，归雁入胡天。
大漠孤烟直，长河落日圆。
萧关逢候骑，都护在燕然。

诗人徐增曾评论此诗：“‘大漠’‘长河’一联，独绝千古。”无边的沙漠，黄河横贯其间，孤烟、落日，给人以亲切又苍茫感觉的正是这独特的边塞风光。

胎宝宝的颅骨还没有完全固化。

第 277~278 天

胎宝宝各器官发育成熟。

过华清宫绝句三首·其一

唐·杜牧

长安回望绣成堆，山顶千门次第开。
一骑红尘妃子笑，无人知是荔枝来。

通过一典型事件，见微知著，表达了杜牧对统治者荒淫误国的愤懑之情。全诗语言朴素，寓意却深刻，尤其是“妃子笑”和“无人知”耐人寻味。

终于要见到妈妈了。

惠州一绝

宋·苏轼

罗浮山下四时春，卢橘杨梅次第新。
日啖（dàn）荔枝三百颗，不辞长作岭南人。

诗中“日啖荔枝三百颗，不辞长作岭南人”二句最为脍炙人口，有诗人对岭南风物的热爱之情，也有体现他旷达的精神。

图书在版编目（CIP）数据

一日一读 诗词胎教 / 汉竹编著 . -- 南京 : 江苏凤凰科学技术出版社，2018.8

（汉竹•亲亲乐读系列）

ISBN 978-7-5537-9155-5

Ⅰ . ①一… Ⅱ . ①汉… Ⅲ . ①胎教－基本知识②古典诗歌－诗集－中国 Ⅳ . ① G610.8 ② I222

中国版本图书馆 CIP 数据核字 (2018) 第 077392 号

凤凰汉竹

中国健康生活图书实力品牌

一日一读 诗词胎教

编　　著	汉　竹
责任编辑	刘玉锋
特邀编辑	魏　娟　姜秀颖　张　欢
责任校对	郝慧华
责任监制	曹叶平　方　晨
出版发行	江苏凤凰科学技术出版社
出版社地址	南京市湖南路 1 号 A 楼，邮编：210009
出版社网址	http://www.pspress.cn
印　　刷	南京精艺印刷有限公司
开　　本	715 mm × 868 mm　1/12
印　　张	14
字　　数	100 000
版　　次	2018 年 8 月第 1 版
印　　次	2018 年 8 月第 1 次印刷
标准书号	ISBN 978-7-5537-9155-5
定　　价	49.80 元